시작해 C 언어 핵심기초 (스터디북)

저자 _ 박영진

발행 _ 2020.10.16

펴낸이 _ 한건희

펴낸곳 _ 주식회사 부크크

출판등록 _ 2014.07.15.(제2014-16호)

주소 _ 서울 금천구 가산디지털1로 119, SK트윈타워 A동 305호

전화 _ 1670 - 8316
이메일 _ info@bookk.co.kr

ISBN 979-11-372-2014-0
www.bookk.co.kr

값은 표지에 있습니다.

「이 도서의 국립중앙도서관 출판시도서목록(CIP)은 서지정보유통지원시스템 홈페이지
(http://seoji.nl.go.kr)와 국가자료공동목록시스템(http://www.nl.go.kr/kolisnet)에서
이용하실 수 있습니다. (CIP제어번호: CIP2020043126)」

C
is quirky, and an
enormous success.

Start

● **시작해 C 언어 시리즈**에 대하여 :

'**시작해 C 언어 시리즈**'는
C 프로그래밍 언어를 처음 시작하는
초보 학습자 여러분을 위해 준비하였습니다.

'**시작해 C 언어 시리즈**'는
누구나 부담 없이 프로그래밍을 시작할 수 있도록
친절하게 설명하는 프로그래밍 안내서입니다.

'**시작해 C 언어 시리즈**'는
가벼운 마음으로 읽고, 편안하게 코딩을 배울 수 있는
프로그래밍 도우미 학습서입니다.

'시작해 C 언어 시리즈'는
프로그래밍에 필요한 **기초 수학과 컴퓨터 지식**을
함께 얻을 수 있는 **C 언어 입문자를 위한 필독서**입니다.

'시작해 C 언어 시리즈'는
콤팩트하고 감성적인 스타일의
매력적인 프로그래밍 해결 '책'입니다.

We   **Start**   **C**   **Programming!**

Start

● **시작해 C 언어 시리즈**의 **구성 1.** :

'**시작해 C 언어 시리즈**'의 내용 구성에 대해 소개드립니다.
'**시작해 C 언어 시리즈**'는
C 언어의 기초를 다섯 파트로 나누어 이야기합니다.

첫 번째 ❶ '**시작해 C 언어 핵심기초**' 편에서는
C 언어를 처음 시작하는 학습자에게
꼭 필요한 '**C 언어 핵심기초**'와
프로그래밍의 첫 시작점인
'**표준출력**'과 '**표준입력**'을 소개합니다.

두 번째 ❷ '**시작해 C 언어 제어구조**' 편에서는
프로그래밍에서 사용하는 '**연산자**'들을 정리하고,
이어서 외국어로 치면 구문/문장에 해당하는
'**조건문**'과 '**반복문**'을 다룹니다.

세 번째 ❸ '**시작해 C 언어 배열과 함수**' 편에서는
동일한 데이터를 다루는 '**배열**'로 시작해서
특정기능을 수행하는 '**함수**'를 만들어보고
C 언어에서 제공하는 '**문자열 함수**'를 만납니다.

네 번째 ❹ '**시작해 C 언어 자료구조**' 편에서는
직접 만들어 쓰는 자료형인 '**구조체**'로 시작해서
'**열거형**'을 만들고, '**포인터**'로 들어갑니다.

다섯 번째 ❺ '**시작해 C 언어 라이브러리**' 편에서는
'**파일**'에 자료를 저장하고 읽어오는 법,
그리고 '**메모리**'에 대한 이해와
'**라이브러리**'를 활용하는 방법으로
마무리합니다.

We Start C Programming!

Start

● **시작해 C 언어 시리즈**의 **구성 2.** :

'**시작해 C 언어 시리즈**'의 교재 구성에 대해 소개드립니다.

'**시작해 C 언어 시리즈**'는
C 언어와 컴퓨터 프로그래밍 방법을
전체 5부분으로 나누고, 각각을
Study Book과 **Work Book** 세트로 구성하였습니다.

Study Book에서
C 언어의 기초와
핵심 문법을 학습하고,

Work Book에서는
프로그래밍 실습을 진행합니다.

: **Study Book**은 **Ice Cream** 콘셉트로
시원하게 이해되는 달콤한 라인입니다.
: **Work Book**은 **Air Balloon** 콘셉트로
실력이 늘어나 상승하는 라인입니다.

Study Book에서 프로그래밍 용어와 개념을 만난다면
Work Book에서는 이를 바탕으로
실제 코드를 이해하고 활용하여 실력 향상을 도모합니다.

Work Book은 **Study Book**에서 학습한 내용 위에
스스로 프로그래밍하는 능력을 키울 수 있도록
핵심을 담은 연습 문제를 포함하고 있습니다.

'시작해 C 언어 시리즈'의
Study Book과 **Work Book**
세트 조합으로
C 언어의 '이론'과 '실전'이
깔끔하게 정리됩니다.

Start

● 시작해 C 언어 시리즈의 학습법 :

'시작해 C 언어 시리즈'는 기본적으로 **독습용 교재**입니다.
학습자 혼자서 별도의 도움 없이
스스로 학습하고 **실습**이 **가능**하도록 준비되어 있습니다.

'시작해 C 언어 시리즈'의 효과적인 학습법은
마치 우리가 외국어를 공부할 때,
단어, 문장, 작문, 단락에 주목하는 것처럼
C 언어의 **용어, 개념, 구문** 그리고 이를 토대로 하여 만든
코드의 실행에 주목하면 됩니다.

그래서 우리는 먼저 C 언어의
용어와 개념을 이해하고 이들과 친해져야 합니다.
그리고 준비된 **소스코드**를
소리 내어 읽어 보는 연습을 합니다.
소스코드를 보고 **이야기하듯 설명**할 수 있다면
최고의 학습법이 될 수 있습니다.

교재에서 엄선하여 소개하는 **소스코드**들은
공식처럼 기억하는 것이 좋습니다.
코드를 눈으로 보고 **실행 결과**를 **예측**해보는 것도
훌륭한 **학습법**입니다.

그리고 이런 과정을 **반복**한다면
우리의 어깨 위에 **C 언어 프로그래밍**의
날개가 펼쳐지게 될 것입니다.

Contents

C is quirky, and an enormous success.

시작해 C 언어
C 언어에 대하여:

C Programming Language [C 프로그래밍 언어]는
미국 벨 연구소의 **Dennis Ritchie [데니스 리치]**가
설계하고 벨 연구소에서 함께 개발한
가장 대표적인 프로그래밍 언어입니다. (1972)

우리가 외국어를 배울 때 단어/구문을 배우고 문장을 만들듯이
C 언어 역시 **C** 언어의 **Keyword [키워드: 예약어]**와
Syntax [신택스: 구문]를 배우고
Source Code [소스코드]를 만들면 됩니다.

C 언어는 사람과 컴퓨터가 소통하기 위해 사용하는 언어입니다.
C 언어 문법에 맞게 작성한 소스코드를
Compiler [컴파일러: 번역기]가
컴퓨터의 언어인 '기계어'로 만들어 줍니다.
(**C** 언어 > **Compiler** > 기계어)

C 언어는 '실행이 빠르고 / 코드가 간결하고 / 실행 파일이 작고 /
하드웨어를 제어할 수 있는 / 고효율'이라는 특징이 있습니다.

Study
Book
1

시작해 C 언어
Editor 준비에 대하여:

우리는 **C** 언어의 기초적인 개념을 시작으로 하여
코딩 실습을 함께 하게 될 것입니다.
이를 위해 **C** 컴파일러를 포함하고 있는
Editor [에디터: 편집기]를 준비합니다.

무료로 사용할 수 있는 **Editor**를 다운로드해서 설치하면 됩니다.
대표적인 **Editor**는 다음의 사이트에서 다운로드할 수 있습니다.

Code::Blocks [코드블록스]   **www.codeblocks.org**
Visual Studio [비주얼 스튜디오]   **visualstudio.microsoft.com**

또는 다운로드/설치가 필요 없는 코딩 사이트를 이용해도 됩니다.

Repl.it [리플릿]의 사이트에 접속합니다.
https://repl.it/repls/CoralShadowyComputer#main.c

Repl.it 사이트의 화면에는 좌우 두 개의 창이 있습니다.
좌측의 창에 **Code [코드]**를 입력하고, 상단의 **run** 버튼을 누르면
검은색 바탕의 우측창으로 결과가 나옵니다.

Section 1.
C 언어 기초

이 책에서는 **Code::Blocks**와
GNU GCC C11을 사용하여 설명합니다.

Code::Blocks를 다운로드할 때는
GNU GCC라는 최신 버전을 선택하면 됩니다.
GNU GCC에는 **C** 컴파일러를 지원하는
mingw라는 파일이 들어 있습니다.

참고적으로 **Code::Blocks** 실행 후
환경설정이 필요할 수도 있습니다.

Settings > Compiler > Toolchain executables에서
Compiler's installation directory를
C:\Program Files\CodeBlocks\MinGW로 지정합니다.

Install 시 설치 경로를 바꿨다면 바꾼 경로를 지정하면 됩니다.

시작해 C 언어
소스코드 새 파일에 대하여:

소스코드 파일을 **New file**로 만들어 줍니다.

Code::Blocks 프로그램을 실행하고
File > New > Empty file을 선택합니다.
[단축키: Ctrl+Shift+n]

그러면 **untitled1**이라는 파일이 만들어집니다.

File > Save file as를 선택하고 **[단축키 : Ctrl+Shift+s]**
저장할 폴더를 **sources**라고 만들고
001.c라고 저장합니다.

.c는 **C** 프로그래밍 언어로 작성된 소스코드입니다.
그래서 **File extension [파일 익스텐션: 파일 확장자]**을 보면
C 언어 소스코드 파일임을 알 수 있습니다.

God is connected with us.

We Start C
Programming!

Study Book 1

C is quirky and an enormous success.   We Start **C Programming!**

We learn something new every day.

C is quirky, and an enormous success.

Section 1

C is **quirky** and an
enormous success.

Section 1.
C 언어 기초

Section 1. C 언어 기초에서는
프로그램의 핵심 부품인 **main()** 함수를 소개합니다.

main() 함수를 이용해서
"Hello World!" 를 출력하는 프로그램을
만들어 보겠습니다.

Section 1.
C 언어 기초

Section 1. C 언어 기초
01. main() 함수

C 프로그램은 **main()** 함수로 시작합니다.
main() 함수를 만드는 방법을 알아보겠습니다.

```
main()
{

}
```

main [메인: 본체 (함수 이름)]에
() (Bracket) [브래킷: 괄호]을 붙이면 **Function** [펑션: 함수/기능]이 됩니다.

C 프로그램은 **main()** 함수로부터 프로그램이 시작됩니다.
main() 함수는 C 프로그램의 본체라고 할 수 있습니다.

main() 함수의 내용은 다음 줄에 오는
{} (Braces) [브레이시즈: 중괄호] 안에 표시됩니다.
바로 이 부분이 **main()** 함수가 작동하는
Code Block [코드 블록: 코드 덩어리]이 됩니다.

Section 1. C 언어 기초
02. Build and run

아직은 아무 일도 일어나지 않는 **main()** 함수를 소스코드로 만들었습니다.
이제 소스코드를 기계어로 바꾸어 컴퓨터 프로그램으로 만들면 됩니다.

이렇게 무엇인가 실행될 수 있도록
파일을 만들어 주는 것이 **Build [빌드]**이고,
파일을 실행하는 것이 **Run [런]**입니다.
그래서 우리는 앞으로 **Build and run [빌드 앤 런]**을 할 것입니다.

Code::Blocks 메뉴에서 **Build > Build and run**을 선택하거나
단축키 **[F9]**을 누르거나 **Build and run** 아이콘을 클릭하면 됩니다.
(다른 **Editor**를 사용한다면 **Build and run** 단축키를 찾아 실행합니다.)
실행을 하면 다음과 같은 창이 열리는데,
이를 **Console [콘솔: 명령어 조작 창]**이라고 합니다.

```
C:\sources\001.exe                              - ☐

Process returned 0 (0x0)     execution time : 0.032 s
Press any key to continue.
```

Section 1.
C 언어 기초

Section 1. C 언어 기초
03. Hello World!

이번에는 실제로 작동하는 소스코드를 만들어 보겠습니다.
"Hello World!" [헬로 월드: 안녕 세상!]라는
인사말을 **Console**에 띄워 볼 것입니다.

글자를 보여주기 위해 **printf()** [프린트 에프] 함수를 사용합니다.
중괄호 사이의 행에 **Tab [탭]** 키로 보기 좋게 간격을 띄우고
printf() 함수 안에 **"Hello World!"**라고 코딩합니다.

```
main()
{
    printf("Hello World!");
}
```

printf(" ") [프린트에프/괄호/큰따옴표]가 기본적인 틀입니다.
그 안에 **Hello World!** 라고 명령을 합니다.

명령문 끝에는 **; (Semicolon)** [세미콜론: 쌍반점]을 넣습니다.
이는 문장을 끝맺을 때 마침표를 찍는 것과 같은 의미입니다.

Section 1. C 언어 기초
04. Header File

우리가 앞서 확인한 **printf()** 함수처럼
C 언어 안에 미리 만들어 제공하는 프로그램들을
C Standard Library [C 스탠다드 라이브러리: C 표준 라이브러리]라고 합니다.
<stdio.h>는 **C** 표준 라이브러리 중의 하나입니다.

stdio는 **Standard Input and Output Library**
[스탠다드 인풋 앤 아웃풋 라이브러리: 표준 입출력 라이브러리]를
줄여 쓴 것입니다.
표준 입출력은 키보드로 입력하고 모니터로 출력을 하는 것을 말합니다.

소스코드의 머리 부분에 포함시키는 파일이라고 해서
Header File [헤더 파일]이라고 부르며,
.h (Dot h) [닷 에이치: 점 에이치]를 붙여 씁니다.
그래서 **Header File** 이름이 **<stdio.h>**입니다.

C 표준 라이브러리라고 하는 큰 창고가 있고,
그 창고 안에는 **<stdio.h>**라는 부품 상자가 있으며,
그 상자 안에는 **printf()** 함수라는 부품이 들어있다고 생각하면 됩니다.

Section 1.
C 언어 기초

Section 1. C 언어 기초
05. #include <stdio.h>

이제 **<stdio.h>**를 소스코드에 포함시키는 방법을 알아보겠습니다.
#include [해시 인클루드: **포함한다 (컴파일 전에 처리하는)**] 명령으로
<stdio.h>를 나의 소스코드에 포함시킬 수 있습니다.
<stdio.h>는 **main()** 함수를 만들기 전에 우선적으로 포함시켜야 합니다.

```c
#include <stdio.h>
main()
{
    printf("Hello World!");
}
```

이제 **Build and run [F9]**을 해서 실행해 보겠습니다.
Hello World!라고 정상적으로 출력되는 것을 확인할 수 있습니다.

```
C:\sources\001.exe                              - □

Hello World!
Process returned 0 (0x0)     execution time : 0.040 s
Press any key to continue.
```

● We Start C Programming!

시작해
C언어
핵심기초

Study
Book
1

I C,
I SEE.

Section
1

Section 1. C 언어 기초
06. Execution Time

C:\sources\001.exe   - □

```
Hello World!
Process returned 0 (0x0)    execution time : 0.040 s
Press any key to continue.
```

Console에는 두 줄의 메시지가 더 출력됩니다.
하나는 **execution time [엑시큐션 타임: 실행 시간]**을 나타냅니다.
위의 코드는 **execution time**이 0.040초입니다.
s는 **second [세컨드: 초]**를 의미합니다.

알고리즘 프로그래밍 대회에서는 실행시간을 제한합니다.
특정 문제의 제한 시간을 보면 프로그래밍 언어별로 차이가 있습니다.
C 언어는 1초, **JAVA [자바]**는 2초,
PYTHON [파이썬]은 10초 정도 소요됩니다.
같은 알고리즘을 수행하는 코드를 작성해도
C 언어가 다른 언어보다 실행 속도가 빠르다는 것을 알 수 있습니다.

그리고 마지막 줄의 **Press any key to continue.**
[프레스 애니 키 투 컨티뉴]는 아무 키나 누르면
Console을 닫고 코딩을 위해 다시 **Editor**로 돌아간다는 뜻입니다.

Section 1.
C 언어 기초

Section 1. C 언어 기초
07. Process

우리가 프로그램을 실행하면 **Memory [메모리: 기억장치]**에
실행코드가 저장되고 프로그램에서 사용할
Memory 영역이 지정됩니다.

컴퓨터의 **CPU (Central Processing Unit)**
[센트럴 프로세싱 유닛: 중앙처리장치]가
메모리의 실행코드를 읽어 명령을 실행합니다.

컴퓨터에서 실행 중인 프로그램을
Process [프로세스: 처리]라고 합니다.
지정된 명령을 모두 처리하고 **Process**가 종료될 때는
특정 값을 반환합니다.
값을 돌려준다고 해서 **Return Value [리턴 밸류: 반환 값]**라고 합니다.

Process가 **main()** 함수의 중괄호 끝에 도달하면
처리를 종료하고 0을 **Return**합니다.

시작해
C언어
핵심기초

Study
Book
1

Section
1

Section 1. C 언어 기초
08. Return Type과 Return Value

코드를 실행하고, 정상적으로 종료하려면
최종적으로 **0**을 **Return**해야 합니다.
이를 위해 **main()** 함수 앞에 **int**를 표시합니다.
int [인트: 정수형]는 정수를 나타내는
Keyword [키워드: 예약어]입니다.

그리고 **{}** (**Braces**) [브레이시즈: 중괄호] 안의 마지막 줄에
return 0; 이라고 표시합니다.

```c
#include <stdio.h>
int main()
{
    printf("Hello World!");
    return 0;
}
```

이때, 돌려주는 값을 **Return Value** [리턴 밸류: 리턴 값]라고 하고
값의 종류를 **Return Type** [리턴 타입: 리턴 형]이라 합니다.
그래서 이상의 코드에서
Return Value는 **0**이 되고, **Return Type**은 **int**가 됩니다.

Section 1.
C 언어 기초

Section 1. C 언어 기초
09. Comment

Comment [코멘트: 주석]는 프로그램에 대한 설명이나,
잠시 실행하지 않을 소스코드를
컴파일러가 컴파일하지 않도록 표시해 놓는 것입니다.

코멘트 방법에는 두 가지 표현 방법이 있습니다.

// (**Single-line Comment**) [**싱글 라인 코멘트**]는 한 줄만 코멘트합니다.
/* */ (**Multi-line Comment**) [**멀티 라인 코멘트**]는 여러 줄을 코멘트합니다.

```
/*
    This is my first C program.
    Date : 2020.10.10
    Author : jennie
*/

//comment test
//printf("Hello World!"); 실행 안되는 코드
printf("Hello World!"); //실행되는 코드
printf("Hello World!"); /*실행되는 코드*/
```

30 We Start **C Programming!**

Section 1. C 언어 기초
10. Source Code File 총정리

기본 소스코드 만드는 방법을 다시 한번 정리하겠습니다.
코드 파일의 전체 구성을 각 행 별로 설명하면 다음과 같습니다.

```
❶    #include <stdio.h>
❷    int main()
❸    {
❹        printf("Hello World!");
❺        return 0;
❻    }
```

❶번은 ❹번 **printf() [프린트에프]** 함수를 사용하기 위해
<stdio.h>를 선언하는 것입니다.
❷번은 프로그램의 본체인 **main()** 함수입니다.
❸과 ❻번은 main() 함수의 몸통인 **Code Block [코드 블록]**입니다.
❹ **printf()** 함수는 문자열을 출력하는 함수입니다.
❺번은 프로그램의 종료를 나타냅니다.
정상적인 종료임을 나타내기 위해 **0**을 **return**합니다.

이렇게 **C** 언어 문법에 맞게 소스코드를 만들고
Build and run [빌드 앤 런]하면 원하는 실행 결과를 확인할 수 있습니다.

We start C Programming!

STUDY BOOK 1

We learn something new every day.

We Start **C Programming!**

C is **quirky** and an
enormous success.

33

C is quirky, and an enormous success.

section 2

Section 2.
데이터

Section 2. 데이터에서는
C 언어에서 사용하는 **Data** [데이터: 자료]와
Data Type [데이터 타입: 데이터 형: 자료형]을 소개합니다.

Section 2.
데이터

Section 2. 데이터
11. Data Type

Data [데이터: 자료]는 모든 다양한 자료를 뜻하고,
Data Type [데이터 타입: 데이터형: 자료형]은
프로그램에서 사용되는 **Data**의 종류/형태를 말합니다.

우리가 프로그래밍 과정에서 가장 많이 사용하게 되는
Data Type으로는 '문자형, 정수형, 실수형' 등이 있습니다.
그리고 이들 **Data Type**은 각각의 크기가 있는데,
이를 **byte** [바이트]로 표시합니다.

❶ 문자형 **Data Type : char** [캐릭터: 문자형: 1 byte]
ex) 'A' / '9' / '*' / '+'

❷ 정수형 **Data Type :**
int [인트: 정수형: 4 bytes]
unsigned int [언사인드 인트: 부호 없는 정수형: 4 bytes]
long long int [롱 롱 인트: 정수형: 8 bytes]
ex) -1 / 0 / 1 / 2147483647 / 4294967295 / 9223372036854775807

❸ 실수형 **Data Type :**
float [플로트: 실수형: 4 bytes]
double [더블: 실수형: 8 bytes]
ex) 3.14 / 0.1 / -0.01

Section 2. 데이터
12. Data 추출하기

아래의 개인 정보에서 **Data**를 추출하고,
사용할 **Data Type**의 유형을 확인해보겠습니다.

My name is jennie.
I'm 20 years old.
My height is 167cm and my weight is 54.5kg.

이름은 **jennie**,
Data는 jennie이고 문자형 **Data Type**을 사용하면 됩니다.

나이는 **20**,
Data는 20이고 정수형 **Data Type**을 사용하면 됩니다.

키는 **167**,
Data는 167이고 정수형 **Data Type**을 사용하면 됩니다.

몸무게는 **54.5**,
Data는 54.5이고 실수형 **Data Type**을 사용하면 됩니다.

Section 2.
데이터

Section 2. 데이터
13. bit

컴퓨터는 **Binary System** [바이너리 시스템: 이진법]을 사용합니다.
전기회로에 전류가 흐르면 1, 흐르지 않으면 0으로 상태를 표현합니다.
1과 0으로 표현하는 한 자릿수를 **bit** [비트: 정보의 최소 단위]라고 합니다.
bit는 **Binary Digit** [바이너리 디짓: 이진 숫자]을 의미합니다.

이제 전기회로를 하나 더 늘려서 **2 bits**를 만들어 보겠습니다.
우리가 얻을 수 있는 정보는 00, 01, 10, 11로 4개가 됩니다.

1bit	2bits		3bits
0	0	0	000
1	0	1	001
	1	0	010
	1	1	011
			100
			101
			110
			111

1 **bit**는 정보 2^1=2개를 표현하고,
2 **bits**는 정보 2^2=4개를 표현하고,
3 **bits**는 정보 2^3=8개를 표현하고,
8 **bits**는 정보 2^8=256개를 표현합니다.
1 **bit** 커지면 정보의 개수는 2배로 늘어납니다.

● We Start C Programming!

시작해
C 언어
핵심기초

Study
Book
1

I C,
I SEE.

Section
2

Section 2. 데이터
14. byte

bit를 8개 모아서 **8 bits**로 만들면, 이를 **1 byte** [바이트]라고 부릅니다.
byte [바이트]는 컴퓨터 기억장치의 크기를 나타내는 단위입니다.
메모리에 **Data**를 저장하는 최소 단위가 **1 byte**입니다.

1 byte로 표현할 수 있는 정보의 수는 2^8=256개입니다.
96개의 알파벳 대소문자, 숫자, 특수문자와
32개의 제어 문자를 포함하여 128개의 문자에 해당하는
1 byte코드를 **ASCII [아스키]**라고 부릅니다.
ASCII 는 **American Standard Code for Information Interchange**
[아메리칸 스탠다드 코드 포 인포메이션 인터체인지: 미국 정보 교환 표준 부호]를
줄여서 부르는 말입니다.

그래서 우리가 사용하는 기본 코드는 128개입니다.
00000000 ~ 01111111까지 총 128개만 기본코드로 사용합니다.
01000001이 우리가 사용하는 키보드에 '**A**'키의 코드이고
01000010이 우리가 사용하는 키보드에 '**B**'키의 코드입니다.

우리가 "**One**"을 "일"이라고 번역할 수 있는 것처럼
우리가 '**A**'라고 하면 컴퓨터 언어로는 01000001이라고
번역할 수 있습니다.

Section 2.
데이터

Section 2. 데이터
15. ASCII CODE

ASCII의 각 코드를 **ASCII CODE [아스키 코드]**라고 부릅니다.
ASCII CODE의 이진수를 십진수로도 표현할 수 있습니다.

10진법은 1, 10, 100, 1000... 자릿수가 10의 거듭제곱이고,
2진법은 1, 2, 4, 8, 16, 32, 64... 자릿수가 2의 거듭제곱으로 결정됩니다.
예를 들면 십진수 123은 1x100 + 2x10 + 3x1 = 123입니다.
예를 들면 이진수 111은 1x4 + 1x2 + 1x1 = 7입니다.

그러면 이진수 01000001을 십진수로 바꿔봅시다.
이진수 01000001은 1x64 + 1x1 = 65가 됩니다. 0은 곱해도 0입니다.

0	1	0	0	0	0	0	1
2^7	2^6	2^5	2^4	2^3	2^2	2^1	2^0
128	64	**32**	**16**	8	4	2	1

키보드에 '**A**'는 **ASCII CODE 01000001** 또는 **ASCII CODE 65**로 씁니다.
키보드에 '**0**'도 **ASCII CODE 00110000** 또는 **ASCII CODE 48**로 표현합니다.
우리가 '**A**'를 입력하면 컴퓨터에는 65가,
컴퓨터 내부에서는 01000001로 번역되어 사용되는 것입니다.

Section 2. 데이터
16. Notation

컴퓨터에서 사용하는 **Notation** [노테이션: 표기법]을 알아보겠습니다.
binary notation [바이너리 노테이션: 이진법]은
0과 1의 오직 두 숫자만 사용해서 계산하는 방법입니다.

octal notation [악틀 노테이션: 팔진법]은 0, 1, 2, 3, 4, 5, 6, 7까지
오직 8개의 숫자를 사용해서 계산하는 방법입니다.

decimal notation [데시멀 노테이션: 십진법]은 0, 1, 2, 3, 4, 5, 6, 7, 8, 9까지
10개의 숫자를 사용해서 계산하는 방법입니다.

hexadecimal notation [헥사데시멀 노테이션: 십육진법]은 0, 1, 2, 3, 4, 5,
6, 7, 8, 9, **A, B, C, D, E, F**까지 16개의 숫자와 알파벳으로 수치를 표기하고
이를 사용해서 계산하는 방법입니다.

십진수를 이진수로 바꾸는 방법을 알아보겠습니다.
65를 2로 계속 나누면서 나머지를 구하다가 몫이 0이 되면 멈추고
그때까지 구한 나머지를 거꾸로 읽으면 이진수 1000001이 됩니다.
65를 8진수, 10진수, 16진수로 계산하면 아래의 그림과 같습니다.

```
2 | 65
2 | 32 … 1 ↑
2 | 16 … 0
2 | 8  … 0
2 | 4  … 0        8 | 65
2 | 2  … 0        8 | 8 … 1 ↑     10 | 65          16 | 65
2 | 1  … 0        8 | 1 … 0      10 | 6 … 5 ↑      16 | 4 … 1 ↑
    0  … 1            0 … 1           0 … 6             0 … 4
 1000001₍₂₎         101₍₈₎           65₍₁₀₎            41₍₁₆₎
```

Section 2.
데이터

Section 2. 데이터
17. Character vs String

컴퓨터 프로그램에서 사용하는 문자는 **Character** [캐릭터: 문자]와
String [스트링: 문자열]으로 나눕니다.

Character는 하나의 문자를 의미하고
String은 단어나 문장처럼 한 글자 이상 문자열을 말합니다.
Character는 ' ' (**Single Quote**) [싱글 쿼트: 작은따옴표]를 사용하고,
String 은 " " (**Double Quote**) [더블 쿼트: 큰따옴표]를 사용합니다.

Character는 **'A', 'a', '*', '9'** 와 같이 쓰고, **String**은
"Hello", "apple", "C Programming Language" 처럼 씁니다.
String은 문자열 마지막에 눈에는 안보이지만 문자열의 끝을 알려주는
Null Character [널 캐릭터: 널 문자]가 포함되어 있습니다.
Null Character는 **ASCII CODE 0**으로 이진수로는 00000000입니다.
문자 표기는 **'\0'** (**Backslash Zero**) [백슬래시 제로]라고 합니다.
그래서 **"Hello"**를 컴퓨터에 저장하면 **Hello\0**로 **6 bytes**가 저장됩니다.

| H | e | l | l | o | \n |

 Section 2. 데이터
18. 컴퓨터의 문자

'A'는 컴퓨터의 언어로 01000001이고
'B'는 컴퓨터의 언어로 01000010입니다.
AB를 연속해서 사용하면 01000001010000010이 됩니다.

String에는 **" "** (**Double Quote**) [**더블 쿼트: 큰따옴표**]를 사용합니다.
그리고 마지막에는 **Null Character**가 자동으로 들어갑니다.

그래서 **"AB"**를 컴퓨터의 언어로 번역하면
0100 0001 0100 0010 0000 0000이 됩니다.
뒤에 **Null Character**에 해당하는 0000 0000이 추가되었습니다.
그리고 읽기 쉽도록 4 **bits**씩 띄워서 쓰는 것이 좋습니다.

이번에는 **"APPLE"**을 컴퓨터의 언어로 번역해 보겠습니다.
먼저 **ASCII CODE**를 찾습니다.
A = 65 / P = 80 / P = 80 / L = 76 / E = 69 / Null = 0
그리고 1 **byte** 이진수로 번역하면 됩니다.

0100 0001 0101 0000 0101 0000 0100 1100 0100 0101 0000 0000

Section 2.
데이터

Section 2. 데이터
19. 컴퓨터의 정수

정수형 **Data Type**의 기본형은 **int [인트: 정수형: 4 bytes]**입니다.
int로 표현할 수 있는 숫자의 개수는 2^{32} = 4294967296개입니다.

int의 반인 2^{31}개는 -2147483648 ~ -1까지 음수이고
나머지 반인 2^{31}개는 0 ~ 2147483647까지 0과 양수입니다.
숫자는 이진수를 십진수로 계산해서 수치로 사용합니다.

문자 **'0'**은 1 **byte**로 00110000 또는 **ASCII CODE 48**입니다.
그런데 숫자 0은 4 **bytes**로 모든 **bit**가 0입니다.
0000 0000 0000 0000 0000 0000 0000 0000

우리가 1을 입력하면 컴퓨터는 정수 1을 32 **bits**로 만듭니다.

0000 0000 0000 0000 0000 0000 0000 0001

그리고 정수 2, 3은 다음과 같습니다.

0000 0000 0000 0000 0000 0000 0000 0010
0000 0000 0000 0000 0000 0000 0000 0011

Section 2. 데이터
20. 컴퓨터의 음수

컴퓨터가 음수를 표현하는 방법을 알아보겠습니다.
맨 앞에 1 **bit**는 **Sign Bit** [사인 비트: 부호 비트]입니다.
0이면 **+** (**Plus**) [플러스: 양수]와 0 (**Zero**) [제로: 영]이고
1이면 **-** (**Minus**) [마이너스: 음수]입니다.

모든 **bit**가 1이면 정수 -1입니다.

1111 1111 1111 1111 1111 1111 1111 1111   **-1**

-2는 -1보다 1 작습니다.
1111 1111 1111 1111 1111 1111 1111 1110   **-2**

-3은 -2보다 1작습니다.
1111 1111 1111 1111 1111 1111 1111 1101   **-3**

다음은 가장 작은 **int**형 정수입니다.
1000 0000 0000 0000 0000 0000 0000 0000   **-2147483648**

다음은 가장 큰 **int**형 정수입니다.
0111 1111 1111 1111 1111 1111 1111 1111   **2147483647**

We Start C Programming!

ESC

STUDY BOOK 1

C is quirky,
and an
enormous
success.

section 3

Section 3.
표준출력

Section 3. 표준출력에서는 **C** 언어에서 사용하는
대표적인 표준출력 함수인
printf() 함수 사용법을 소개합니다.

printf는 **print formatted** [프린트 포맷티드]라는 뜻으로
'형식을 지정해서 출력하는 것'을 말합니다.

Section 3.
표준출력

Section 3. 표준출력
21. printf() 함수

printf() 함수로 다양한 **Data**를 출력해 보겠습니다.

"**Hello World!**"와 함께 나의 이름,
"**My name is jennie.**"을 코딩합니다.

```c
#include <stdio.h>
int main()
{
    printf("Hello World!");
    printf("My name is jennie.");

    return 0;
}
```

이 소스코드를 **Build and run [F9]**해서 실행합니다.

```
Hello World!My name is jennie.
```

Section 3. 표준출력
22. 줄 바꿈 문자 \n

Hello World!My name is jennie.

위의 문장을 두 줄로 나누어 출력할 수 있습니다.
\n (**Backslash n**) [백슬래시 엔]은 줄바꿈 기능을 하는 문자입니다.
" " (**Double Quote**) [더블 쿼트: 큰따옴표] 안에 **\n**을 넣으면 됩니다.

```
printf("Hello World!\n");
printf("My name is jennie.\n");
```

실행하면 **\n**이 보이지 않으면서 줄을 바꿔 출력하는 것을 알 수 있습니다.
(줄 바꿈은 **\n**, 한 줄 더 띄우기는 **\n\n** 하면 됩니다.)

Hello World!
My name is jennie.

키보드와 **Console**에 보이는 ₩는 모두 **Backslash**입니다.
Font [폰트: 글꼴]에 따라 모양이 다르게 보일 수 있습니다.

Section 3.
표준출력

Section 3. 표준출력
23. Character는 %c

Character [캐릭터: 문자]는 **%c**에 **' '** (**Single Quote**)
[싱글 쿼트: 작은따옴표] 안에 넣은 하나의 문자를 출력합니다.
% (**Percent**) [퍼센트]는 **Format Specifier**
[포맷 스페시파이어: 형식 지정자]라고 하며, 기호로 사용합니다.
Format 과 문자는 **Comma** [콤마: 쉼표]로 구분합니다.
%c에 **'A'**가 들어가서 작은따옴표는 떼고 안에 있는 **A**만 출력됩니다.

```
printf("%c\n", 'A');
A
```

두 개의 문자는 **%c%c**로 출력합니다.
각각의 문자는 **Comma** 로 구분합니다.

```
printf("%c%c\n", 'A', 'B');
AB
```

두 글자 사이의 공백은 **%c %c** 처럼 한 칸을 띄우면 됩니다.

```
printf("%c %c\n", 'A', 'B')
A B
```

같은 방식으로 여러 개의 문자는 **%c**를 반복하면 됩니다.

Section 3. 표준출력
24. String은 %s

String [스트링: 문자열]은 **%s**에 " " **(Double Quote)**
[더블 쿼트: 큰따옴표] 안에 넣은 문자열을 출력합니다.

I like K-pop.을 출력해 보겠습니다.
"%s\n"으로 **Format**을 만들고 **Comma**를 하고 " " 안에
출력할 **String**을 넣어 줍니다.

```
printf("%s\n", "I like K-pop.");
```

```
I like K-pop.
```

두 개의 문자열은 **"%s%s\n"**로 출력할 수 있습니다.
그리고 두 개의 문자열을 하이픈으로 연결하려면
"%s-%s\n"으로 하면 됩니다.

```
printf("%s-%s\n", "Dynamite", "BTS");
```

```
Dynamite-BTS
```

Section 3.
표준출력

Section 3. 표준출력
25. 'A' vs "A"

'**A**'와 "**A**"는 분명한 차이가 있습니다.
'**A**'는 **%c**에 들어가는 '문자'이고,
"**A**"는 **%s**에 들어가는 '문자열'을 표시합니다.

```
printf("%c\n", 'A');
printf("%s\n", "A");
```

```
A
A
```

출력하면 동일하게 **A**라는 결과이지만,
메모리 사용량의 차원에서는 '**A**'는 1 **byte**이고, "**A**"는 2 **bytes**입니다.
실제로는 "**A**" = '**A**' + '\0'로 **Null Character**가 포함되어 있습니다.

A
'A'
1 byte

A **\0**
"A"
2 bytes

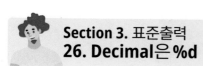

Section 3. 표준출력
26. Decimal은 %d

Decimal [데시멀: 10진수]은 **%d**에 **int**형 정수를 넣어 출력합니다.
-2147483648 ~ 2147483647까지 출력할 수 있습니다.

```
printf("%d\n", 100);
```

```
100
```

%d를 사용해서 수식을 만들 수 있습니다.
100+200=300을 출력해 보겠습니다.

```
printf("%d+%d=%d\n", 100, 200, 300);
```

```
100+200=300
```

마지막에 300은 실제로 계산해서 100+200을 넣어도 됩니다.

```
printf("%d+%d=%d\n", 100, 200, 100+200);
```

```
100+200=300
```

이상과 같이 숫자에는 " " (**Double Quote**) [더블 쿼트: 큰따옴표]나
' ' (**Single Quote**) [싱글 쿼트: 작은따옴표]를 붙일 필요가 없습니다.

Section 3.
표준출력

Section 3. 표준출력
27. unsigned int는 %u

unsigned [언사인드: 부호 없는]는 '0과 양의 정수'를 말합니다.
'음수 부호가 없는'이라는 뜻입니다.

unsigned int [언사인드 인트: 부호 없는 정수]는 4 **bytes** 정수입니다.
0 ~ 4294967295까지 출력할 수 있습니다.
코드는 **%u**를 사용합니다.

```
printf("%u\n", 4294967295);
```

```
4294967295
```

가장 큰 수 4294967295에 1을 더하면
한 바퀴 돌아서 가장 작은 수 0이 출력됩니다.
이것을 **Overflow [오버플로우: 넘침]**라고 합니다.

```
printf("%u\n", 4294967296);
```

```
0
```

Section 3. 표준출력
28. 큰 정수 표현 **%lld %lli**

큰 정수는 **long long int** [롱 롱 인트: 정수형: 8 bytes]를 사용합니다.
%lld 또는 **%lli**에 넣어 출력합니다.
Decimal 앞에 **long long**의 ll [엘엘]을 붙인 **%lld**를 주로 씁니다.
Format을 사용해서 정수 100억을 출력해 보겠습니다.

```
printf("%lld\n", 10000000000);
```

```
10000000000
```

long long int로 가장 큰 수와 가장 작은 수는 19자리 수입니다.

```
printf("%lld\n", 1234567890123456789);
printf("%lld\n", 9223372036854775807);
printf("%lld\n", -9223372036854775808);
```

```
1234567890123456789
9223372036854775807
-9223372036854775808
```

-9,223,372,036,854,775,808 ~ 9,223,372,036,854,775,807까지
출력할 수 있습니다.
더 큰 수를 사용해야 한다면 문자열로 처리하면 됩니다.

Section 3.
표준출력

Section 3. 표준출력
29. Overflow vs Underflow

여기서 잠깐! **%d**로 100억을 출력하면 어떻게 될까요?

```
printf("%d\n", 10000000000);
1410065408
```

출력 결과는 10000000000이 아니라 1410065408입니다.
%d로 출력할 수 있는 최대값이 2147483647이므로
넘치는 값은 다시 가장 작은 숫자부터 이어서 셉니다.
이것을 **Overflow [오버플로우: 넘침]**라고 합니다.

```
 -2147483648              0              2147483647
 ────●──────────●──────────●──────────●──────────●────────▶
            -1                    1
```

반대로 가장 작은 수에서 하나 빼면 가장 큰 수가 됩니다.
이것을 **Underflow [언더플로우: 아래 넘침]**라고 합니다.

```
 -2147483648              0              2147483647
 ◀────●──────────●──────────●──────────●──────────●────────
            -1                    1
```

Section 3. 표준출력
30. 정수의 자릿수 지정

%d나 **%u**나 **%lld**로 출력하는 정수는 자릿수를 지정할 수 있습니다.
%4d와 같이 **%**뒤에 자릿수를 넣어줍니다.
4자리를 지정하고 1, 12, 123, 1234를 차례로 출력해 보겠습니다.
오른쪽 정렬되므로 남는 자릿수만큼 왼쪽에 공백문자가 채워집니다.

```
printf("%4d\n", 1);
printf("%4d\n", 12);
printf("%4d\n", 123);
printf("%4d\n", 1234);
```

```
   1
  12
 123
1234
```

%4d로 12345를 출력하면 지정한 자릿수가 모자라도 다 출력이 됩니다.

```
printf("%4d\n", 12345);
```

```
12345
```

Section 3.
표준출력

Section 3. 표준출력
31. 정수와 진법

컴퓨터에서 가장 자주 사용하는 것은 10진법, 8진법과 16진법입니다.
각각의 출력하는 방법은 다음과 같습니다.

%d (decimal) [데시멀]는 정수를 10진법으로 출력합니다.
%o (octal) [악틀]는 정수를 8진법으로 출력합니다.
%x (hexadecimal) [헥사데시멀]는 정수를 16진법 소문자로 출력합니다.
%X (hexadecimal) [헥사데시멀]는 정수를 16진법 대문자로 출력합니다.

그래서 65를 10진수, 8진수, 16진수로 출력하면 다음과 같습니다.

```
printf("%d %o %x\n", 65, 65, 65);
```
```
65 101 41
```

그리고 16진수로 소문자, 대문자를 출력하면 다음과 같습니다.

```
printf("%x%x%x%x%x%x\n",
10, 11, 12, 13, 14, 15);
abcdef
```

```
printf("%X%X%X%X%X%X\n",
10, 11, 12, 13, 14, 15);
ABCDEF
```

 We Start **C Programming!**

Section 3. 표준출력
32. float와 double은 %f

float [플로트: 실수형: 4 bytes]와 **double** [더블: 실수형: 8 bytes]은 **%f**에 실수를 넣어 출력합니다.

```
printf("%f\n", 3.14);
printf("%f\n", 3.141592);
printf("%f\n", 3.141592653589793);
```

```
3.140000
3.141592
3.141593
```

모두 소수점 아래 6자리까지 출력됩니다.

6자리보다 짧으면 0을 넣어 맞춰주고
6자리보다 길면 7번째 자리에서 반올림합니다.

첫 번째 값은 0000을 채워서 소수점 아래 6자리까지 출력되었고,
두 번째 값은 소수점 아래 6자리까지 출력되어 3.141592이며,
세 번째 값은 소수점 아래 7자리에서 반올림되어 3.141593입니다.

Section 3.
표준출력

 Section 3. 표준출력
33. 실수의 자릿수 지정

%f를 사용할 때 출력을 위한 자릿수를 지정할 수 있습니다.
%와 **f** 사이에 자릿수 **Option [옵션: 선택사항]**을 넣어줍니다.

%전체 자릿수 . 소수점 아래 자릿수f

전체 자릿수는 전체 숫자의 개수와 부호 개수(0 또는 1)
그리고 소수점 개수(0 또는 1)를 모두 더해줍니다.
%5.2f에 실수 -3.14를 맞추면 전체 자릿수는
숫자 3개와 -부호 1개, 소수점 1개를 더하여 5에 딱 맞습니다.

```
printf("%5.2f\n", -3.14);
-3.14
```

%-5.2f

-	3	.	1	4

%-5.1f

	-	3	.	1

%5.1f에 실수 -3.14를 맞추면 소수점 아래 둘째 자리에서 반올림하여
-3.1이 되고 4자리를 사용하므로 1자리가 남아 앞에 공백문자 1개가
출력됩니다.

```
printf("%5.1f\n", -3.14);
 -3.1
```

 We Start **C Programming!**

Section 3. 표준출력
34. 오른쪽 정렬

자릿수를 지정하면 숫자는 오른쪽 정렬됩니다.
오른쪽 끝부터 왼쪽으로 채운다는 뜻입니다.

자릿수가 남으면 앞에 남은 개수만큼
White Space
[화이트 스페이스: 공백문자]가 채워집니다.

```c
printf("%4.0f\n", 3.14);
printf("%4.1f\n", 3.14);
printf("%4.2f\n", 3.14);
printf("%4.3f\n", 3.14);
```

```
   3
 3.1
3.14
3.140
```

지정한 전체 자릿수보다 출력 숫자 자릿수가 더 커지면
왼쪽부터 출력되고, 소수점 아래 자릿수를 맞춰서
전체 숫자를 출력합니다.

Section 3.
표준출력

Section 3. 표준출력
35. 왼쪽 정렬 -

자릿수를 지정하고 왼쪽 정렬하는 방법이 있습니다.
왼쪽부터 숫자를 채우고 남은 자릿수만큼
오른쪽을 공백문자로 채웁니다.
%와 **f** 사이의 자릿수 앞에 **– (Minus)** **[마이너스: 빼기]** 기호를 넣어줍니다.

%-전체 자릿수 . 소수점 아래 자릿수f

여러가지 옵션으로 출력해 보겠습니다.

```
printf("%-4.0f\n", 3.14);
printf("%-4.1f\n", 3.14);
printf("%-4.2f\n", 3.14);
printf("%-4.5f\n", 3.14);
```

```
3
3.1
3.14
3.14000
```

마지막에 전체 자릿수보다 소수점 아래 자리수가 커지면
왼쪽부터 출력됩니다. 자릿수가 넘어가도 오류 없이 잘 출력됩니다.

Section 3. 표준출력
36. 소수점 아래 자릿수만 지정

전체 자릿수 지정 없이 소수점 아래 자릿수만 지정할 수 있습니다.
앞에 빈칸 없이 출력합니다.
%.1f [퍼센트 닷 원 에프]와 같이
. (Dot) [닷: 점]과 소수점 아래 자릿수만 넣어주면 됩니다.

소수점 아래 자릿수를 지정해서 출력하는 경우에는 이렇게 하면 됩니다.

```
printf("%.0f\n", 3.14);
printf("%.1f\n", 3.14);
printf("%.2f\n", 3.14);
printf("%.3f\n", 3.14);
printf("%.4f\n", 3.14);
```

```
3
3.1
3.14
3.140
3.1400
```

Section 3.
표준출력

Section 3. 표준출력
37. Scientific Notation

Scientific Notation [사이언티픽 노테이션: 과학적 표기법]은
실수를 지수로 표현하기 위해 사용합니다.
100.0은 1×10^2 이고 **1.000000e+002**로 표현됩니다.
0.01은 1×10^{-2} 이고 **1.000000e-002**로 표현됩니다.
Exponentiation [엑스포넨시에이션: 지수화]은
지수로 표현하는 **%e** 또는 **%E**에 실수를 맞춰 출력하는 것을 말합니다.

```
printf("%e\n", 3.14);
printf("%E\n", 3.14);
```

```
3.140000e+000
3.140000E+000
```

실수를 출력하는 **%f**와 **%e** 또는 **%E** 중에 길이가 짧은 것을 선택해서
출력할 때는 **%g** 또는 **%G**를 사용하면 됩니다.

```
printf("%g\n", 3.14);
printf("%g\n", 0.00000001);
printf("%G\n", 0.00000001);
```

```
3.14
1e-008
1E-008
```

We Start **C Programming!**

We Start C Programming!

Section 3. 표준출력
38. 문자열의 자릿수 지정

실수와 정수의 자릿수 옵션을 사용한 것처럼
문자열도 자릿수를 지정해서 출력할 수 있습니다.
%10s처럼 사용하면 됩니다. 물론 오른쪽 정렬됩니다.

10자리를 지정해서 다음과 같이 출력할 수 있습니다.

```
printf("%10s\n", "apple");
printf("%10s\n", "banana");
printf("%10s\n", "melon");
```

```
     apple
    banana
     melon
```

10자리를 지정해서 왼쪽 정렬하려면 -옵션을 사용하면 됩니다.

```
printf("%-10s%-10s!\n", "apple", "banana");
```

```
apple     banana    !
```

Section 3. 표준출력
39. 문자와 ASCII CODE

%c와 %d는 문자와 ASCII CODE로 모두 출력할 수 있습니다.
'A'와 65를 출력해 보겠습니다.
%c는 문자로, %d는 숫자로 출력하므로 값을 모두 'A'로 넣어도 됩니다.
%c는 문자로, %d는 숫자로 출력하므로 값을 모두 65로 넣어도 됩니다.

```
printf("%c %d\n", 'A', 65);
printf("%c %d\n", 'A', 'A');
printf("%c %d\n", 65, 65);
```

```
A 65
A 65
A 65
```

'A'는 ASCII CODE 65이고 'B'는 ASCII CODE 66입니다.
그래서 덧셈이 가능합니다. 다음 문자는 1을 더하면 됩니다.
'A'+1해서 'B'를 출력하고, 'A'+1해서 66을 출력할 수 있습니다.

```
printf("%c %c\n", 'A'+1, 66);
printf("%d %d\n", 'A'+1, 66);
```

```
B B
66 66
```

Section 3. 표준출력
40. Escape Sequences

Escape Sequence [이스케이프 시퀀스: 탈출 문자열]는 특수 문자입니다.
\ (**Backslash**) [백슬래시]와 특정문자를 붙여 만들고
특별한 기능을 하는 1 **byte** 코드를 사용합니다.

\0	(**Null Character**)	[널 문자: ASCII CODE 0]
\a	(**Alarm**)	[알람: ASCII CODE 7]
\b	(**Backspace**)	[후진: ASCII CODE 8]
\t	(**Tab**)	[탭 문자: ASCII CODE 9]
\n	(**New line**)	[줄바꿈: ASCII CODE 10]
\"	(**Double-quote mark**)	[큰따옴표: ASCII CODE 34]
\'	(**Single-quote mark**)	[작은따옴표: ASCII CODE 39]
****	(**Backslash**)	[백슬래시: ASCII CODE 92]

We Start C Programming!

STUDY BOOK 1

C is quirky and an **enormous success**.

We Start **C Programming!**

We learn something new every day.

C is quirky, and an enormous success.

section 4

Section 4.
변수

Section 4. 변수에서는
변수를 선언하고 값을 대입하고,
변수를 사용하는 방법을 소개합니다.

그리고 **Data Type**을 지정하고,
변수를 만들어 사용해 보겠습니다.

Section 4.
변수

Section 4. 변수
41. Variable

Variable [베어리어블: 변수]은 변하는 값이며, 컴퓨터의 **Memory** **[메모리: 기억장치]**에 값을 저장해두고 사용할 수 있는 저장소입니다.

변수는 변경할 수 있는 수입니다.
변수에 값을 넣었더라도 다른 값을 다시 넣을 수 있습니다.
최종 들어간 값이 기억됩니다.
문자, 숫자, 문자열, 메모리 위치 등의 **Data**를 저장합니다.

변수를 선언한다는 것은 메모리를 할당받는 것이고,
변수에 값을 대입한다는 것은 메모리에 **Data**를 저장하는 것이며,
변수를 사용한다는 것은 메모리에 저장된 **Data**를 사용하는 것입니다.

메모리 주소는 16진수를 사용합니다.
메모리에 이름과
나이를 저장하려고 하면   0x0061fed8
0x0061fed4에
이름을 저장하고,   0x0061fed4 →
0x0061fed0에
나이를 저장해야 합니다.   0x0061fed0 →

                        0x0061fecc

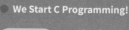

프로그래머가 16진수를 직접 사용하기에는 너무 복잡한 숫자이고
소스코드로 만들어도 가독성이 너무 떨어집니다.
그래서 기억하기 쉬운 변수를 만들어 사용하는 것입니다.

변수를 만들어서 할당 받은 메모리를 쉽게 사용할 수 있습니다.
변수를 **name**이라고 만들면 **0x0061fed4**처럼 메모리가 할당됩니다.
변수를 **age**라고 만들면 **0x0061fed0**처럼 새로운 메모리가 할당됩니다.
그러면 **name**에 이름을 저장하고, **age**에 나이를 저장하면 됩니다.

변수를 만들 때 저장하려고 하는 **Data**의 **Data Type**을 선택하는 것은
저장하는 **Data**의 종류와 **Data**의 크기를 정하는 일입니다.
동시에 메모리에 저장하는 방법과 저장소의 크기를 결정하는 것입니다.

프로그램에서 사용하는 메모리를 할당하고 해제하는 메모리 관리는
Operating System [오퍼레이팅 시스템: 운영체제]이 담당합니다.

이제부터 변수를 만들어 사용하는 과정을 알아보겠습니다.

Section 4. 변수
42. 변수 선언과 대입 vs 초기화

Variable Declaration [베어리어블 데클러레이션: 변수 선언]을 하려면
Data Type과 변수 이름과 **;** (**Semicolon**) [세미콜론: 쌍반점]을
순서대로 코딩합니다.

```
char c;
int i;
float f;
```

변수에 값을 넣어주는 것을 **Assignment** [어사인먼트: 대입]라고 합니다.
Assignment Operator [어사인먼트 오퍼레이터: 대입연산자]는
= (**Equal Sign**) [이퀄 사인: 등호]을 사용합니다.
= 오른쪽의 값을 왼쪽 변수에 저장합니다.

```
c ='A';
i = 100;
f = 3.14;
```

Variable Initialization [베어리어블 이니셜라이제이션: 변수 초기화]은
변수를 선언하면서 동시에 값을 넣어주는 방법을 말합니다.

```
char e = '\0';
int j = 0;
float g = 0.0;
```

Study
Book
1

Section
4

Section 4. 변수
43. Variable, char

char는 **'A'**, **'$'**, **'1'** 같은 하나의 문자만 사용하는 **Data Type**입니다.
Character Type [캐릭터 타입: 문자형]이라고 부릅니다.
char형 변수는 메모리 1 **byte**를 사용합니다.

char형 변수 **a**를 선언하고, 변수 **a**에 **'A'**를 대입하고
a를 출력해보면 알파벳 대문자 **A**가 출력됩니다.

```
char a;
a = 'A';
printf("%c\n", a);
A
```

char형 **Data Type**의 메모리 **size**를 출력해보면
1 **byte**가 할당된 것을 알 수 있습니다.

```
printf("%d\n", sizeof(a));
1
```

저장한 변수는 여러 번 사용할 수 있습니다.

```
printf("%c%c%c\n", a, a, a);
AAA
```

Section 4.
변수

Section 4. 변수
44. Variable, int

int는 정수를 사용하는 **Data Type**입니다.
Integer Type [인티저 타입: 정수형]이라고 부릅니다.
음의 정수, 0, 양의 정수를 사용할 수 있습니다.
int형 변수는 메모리 4 **bytes**를 사용합니다.

int형 변수 **m**을 선언하고 **m**에 100을 저장하여 **m**을 출력해 보겠습니다.

```
int m;
m = 100;
printf("%d\n", m);
```

```
100
```

int형 변수 **n**을 선언하고 **n**에 **200**을 저장하고 **n**을 출력하고,
저장된 **m**과 **n**을 사용해서 **m+n**의 결과값도 출력해 보겠습니다.

```
int n;
n = 200;
printf("%d\n", n);
printf("%d\n", m+n);
```

```
200
300
```

Section 4. 변수
45. Variable, long long int

같은 **Data Type**의 변수는 **Comma [콤마: 쉼표]**로
구분해서 한꺼번에 선언할 수 있습니다.
long long int는 8 **bytes** 정수를 사용하는 **Data Type**입니다.
long long int형 변수 **k**와 **l**을 선언하고
k에 100억, **l**에 200억을 저장해서 **k+l**을 출력해 보겠습니다.

```
long long int k, l;
k = 10000000000;
l = 20000000000;
printf("%lld\n", k+l);
```

```
30000000000
```

100억은 10^{10}이므로 정수를 지수로 표현하여 **1e10**으로 쓸 수 있습니다.
200억은 2×10^{10} 이므로 지수로 표현하여 **2e10**으로 쓸 수 있습니다.

```
k = 1e10;
l = 2e10;
printf("%lld\n", k+l);
```

```
30000000000
```

Section 4.
변수

Section 4. 변수
46. Variable, float

float [플로트: 실수] 는 4 **bytes** 실수를 사용하는 **Data Type**입니다.
float형 변수 **pi**를 선언하고, 원주율 3.14를 저장하여 출력해 보겠습니다.

```
float pi = 3.14;
printf("%f\n", pi);
```

```
3.140000
```

소수점 아래 2자리까지 출력하여 0000을 제거합니다.

```
printf("%.2f\n", pi);
```

```
3.14
```

이번에는 **pi**값을 3.141592653589793을 넣어서 출력해 보겠습니다.

```
pi = 3.141592653589793;
printf("%f\n", pi);
```

```
3.141593
```

출력 결과는 소수점 아래 6자리까지만 출력되었습니다.

Section 4. 변수
47. Variable, double

double [더블: 실수]은 8 **bytes** 실수를 사용하는 **Data Type**입니다.
double형 변수 **pii**를 선언하고
원주율 3.141592653589793을
저장하여 출력해 보겠습니다.

```
double pii = 3.141592653589793;
printf("%.15f\n", pii);

3.141592653589793
```

double은 유효 자릿수가 16개입니다.

Section 4.
변수

Section 4. 변수
48. Identifiers

우리는 앞에서 **c, f, g, i, j, k, l, pi** 같은 변수 이름을 만들어서 사용했습니다.
여기서 변수의 이름이 의미를 지닌 것은 **pi** 하나입니다.
나머지는 **Data Type** 앞 글자이거나 알파벳 순서대로 만들었습니다.

Identifiers [아이덴티파이어스: 식별자]는
유일하게 식별할 수 있는 이름으로 변수와 함수를 만들 때 사용합니다.
식별자는 일정한 규칙만 따르면 우리가 원하는대로 지을 수 있습니다.
규칙은 다음과 같습니다.

❶ 식별자는 영문자, 숫자, _, $를 사용할 수 있습니다. **ex) Abc_1 / US$**
❷ 문자와 숫자를 같이 사용해서 만들 수도 있습니다. **ex) num1 / num2**
❸ 숫자로 시작할 수는 없습니다. **ex) 3num / 7eleven (X)**
❹ _과 $ 이외의 특수문자는 사용할 수 없습니다. **ex) a+b (X)**
❺ 공백문자를 사이에 넣을 수 없습니다. **ex) aa bb (X)**
❻ C 언어 **keyword**는 모두 식별자로 사용할 수 없습니다.
ex) int / double (X)
❼ 변수는 같은 영역에 동일한 이름으로 여러 개 만들면 안됩니다.

"If you lie to the compiler, it will have its revenge."

We start C programming!

STUDY BOOK 1

We learn something new every day.

We Start **C Programming!**

C is quirky and an
enormous success

C is quirky,
and an
enormous
success.

section 5

C is quirky and an
enormous success.   We Start **C Programming!**

Section 5.
표준입력

Section 5. 표준입력에서는
C 언어에서 사용하는
대표적인 표준입력 함수인
scanf() 함수를 소개합니다.

scanf는 **scan formatted** [스캔 포맷티드]로
형식을 지정해서 입력하는 것을 말합니다.

Section 5.
표준입력

Section 5. 표준입력
49. scanf() 함수

컴퓨터에 정보를 넣어주는 것을 **Input [인풋: 입력]**이라고 합니다.
키보드로 입력한 **Data**를 메모리에 저장하기 위해
scanf() [스캔 에프] 함수를 사용합니다.

scanf() 함수는 **printf()** 함수와 같이 **<stdio.h>**에 정의되어 있습니다.
#include [해시 인클루드: 포함한다]라는 명령이
<stdio.h>를 나의 소스 코드에 포함시켜줍니다.

```
#include <stdio.h>
```

C 표준 라이브러리라는 창고에 **<stdio.h>**라는 부품 상자가 있습니다.
거기에 **scanf()** 함수와 **printf()** 함수가 들어있는 것입니다.
필요할 때 언제든 꺼내어 쓸 수 있습니다.

scanf는 **scan formatted [스캔 포맷티드: 형식 지정 입력]**를 뜻합니다.
scanf() 함수는 **Format [포맷: 형식]**을 만들어 입력하는 함수입니다.

scanf() 함수를 이용하여 하나의 문자를 입력해 보겠습니다.

먼저 입력 문자를 저장할 변수를 선언합니다.

```
char a;
```

키보드로 알파벳이나 숫자나 기호 한 문자를 입력 받아
변수 **a**에 저장합니다.

```
scanf("%c", &a);
```

scanf(" ") [스캔에프/괄호/큰따옴표]가 기본 틀입니다.
그 안에 하나의 문자를 위한 **%c**로 입력 **Format**을 만들고
, Comma [콤마: 쉼표]로 구분하며,
& (Ampersand) [앰퍼샌드: 주소연산자]와 변수 이름을 코딩합니다.
마지막에 **; (Semicolon)** [세미콜론: 쌍반점]을 붙여주면 됩니다.

여기서 두번째 인자 **&a**는 변수 **a**의 메모리 주소를 의미합니다.
입력한 정보를 저장할 메모리 주소 정보를 넣어주는 것입니다.

Section 5.
표준입력

Section 5. 표준입력
50. 문자 입력 %C

하나의 문자를 입력 받아 그대로 출력하는 코딩을 해보겠습니다.

```
char a;
scanf("%c", &a);
printf("%c\n", a);
```

Build and run [F9]을 하면,
Console에서 커서가 깜빡이며 입력을 기다립니다.
하나의 문자를 키보드로 입력하고 **Enter [엔터: 입력]**하면 됩니다.

입력된 문자는 메모리에 저장됩니다.
A를 입력하고 **Enter**하면 출력 결과는 **A**입니다.
B를 입력하고 **Enter**하면 출력 결과는 **B**입니다.

이번에는 **char**형 변수 **b**를 하나 더 선언하고, **a**와 **b**에 각각 문자를
입력 받아 그대로 출력하는 코드를 만들어 보겠습니다.

```
char a, b;
scanf("%c%c", &a, &b);
printf("%c%c\n", a, b);
```

실행해서 **AB**를 입력하고 **Enter**하면 출력 결과는 **AB**입니다.
실행해서 **OX**를 입력하고 **Enter**하면 출력 결과는 **OX**입니다.

Section 5. 표준입력
51. 소문자를 대문자로

알파벳 소문자 하나를 입력 받아 대문자로 바꾸어 출력해보겠습니다.
'a'는 ASCII CODE 97이고, 'A'는 ASCII CODE 65입니다.
소문자는 대문자보다 ASCII CODE가 큰 수를 사용합니다.
소문자를 대문자로 바꾸려면 소문자에서 32를 빼면 됩니다.
코드를 알면 'a' – 'A' = 97-65 = 32라는 것을 알 수 있습니다.
코드를 모르더라도 'a' – 'A' = 32를 컴퓨터가 계산해 줍니다.

```c
char small;
scanf("%c", &small);
printf("%c\n", small-32);
printf("%c\n", small-('a'-'A'));
```

실행해서 **a**를 입력하고 **Enter**하면 출력 결과는 **A**입니다.

```
a
A
A
```

실행해서 **z**를 입력하고 **Enter**하면 출력 결과는 **Z**입니다.

```
z
Z
Z
```

Section 5.
표준입력

Section 5. 표준입력
52. 정수 입력 %d

int는 정수를 사용하는 Data Type입니다.
%d를 사용합니다.
int형 변수 num을 선언하고,
num에 100을 입력 받아 출력해 보겠습니다.

먼저 변수 num을 선언합니다.
printf()로 Please enter a number : 라는 문장을 출력해주고
scanf()로 num에 정수를 입력 받는 코딩을 하고
마지막으로 입력 받은 값이 저장되어 있는 변수 num의 값을 출력합니다.

```
int num;
printf("Please enter a number : ");
scanf("%d", &num);
printf("%d\n", num);

Please enter a number : 100
100
```

실행해서 100을 입력하고 Enter하면 출력 결과는 100입니다.

Section 5. 표준입력
53. float형 실수 입력 %f

float [플로트: 실수형, 4 bytes]는
scanf() 함수와 **printf()** 함수에서 **%f**를 사용합니다.

float형 변수 **square_root**를 선언하고
1.4142를 입력 받아 출력해 보겠습니다.
소수점 아래 4자리까지 출력하면 됩니다.

```
float square_root;
printf("What is the square root of 2 : ");
scanf("%f", &square_root);
printf("%.4f\n", square_root);

What is the square root of 2 : 1.4142
1.4142
```

실행해서 1.4142를 입력하고 **Enter**하면
출력 결과는 1.4142입니다.

Section 5.
표준입력

Section 5. 표준입력
54. double형 실수 입력 %lf

double [더블: 실수, 8 bytes]은
scanf() 함수에서는 **%lf [퍼센트 엘 에프]**를 사용하고
printf() 함수에서는 **%f [퍼센트 에프]**를 사용합니다.
이때 **lf [엘 에프]**는 **long float [롱 플로트: 긴 실수]**의 의미입니다.

double형 변수 d_square_root를 선언하고
1. 414212962962962를 입력 받아 출력해 보겠습니다.
소수점 아래 15자리까지 출력하면 됩니다.


```
double d_square_root;

printf("What is the square root of 2 : ");
scanf("%lf", &d_square_root);
printf("%.15f\n", d_square_root);

What is the square root of 2 :
1.414212962962962
1.414212962962962
```

● We Start C Programming!

시작해
C언어
핵심기초

Study
Book
1

Section
5

 Section 5. 표준입력
55. 문자열 배열

char는 하나의 문자를 사용하는 **Data Type**입니다.
예를 들어 **apple**을 입력 받으려면 **char**가 5개 있어야합니다.

물론 **char a, b, c, d, e;** 처럼 선언해도 되지만
다수의 문자는 **String**을 담을 수 있는
char 배열을 만들어 사용하면 됩니다.

Data Type과 배열 이름을 선언하고
[ ] (Square Bracket) [스퀘어 브래킷: 대괄호]에
글자수 +1개 이상의 숫자를 넣어줍니다.

```
char fruit[101];
```

그러면 100글자를 입력 받을 수 있도록
101개의 방을 마련한 것이 됩니다.
마지막 방은 문자열의 끝을 알려주는
'\0' (Null Character) [널 캐릭터: 널 문자]를 위한 것입니다.

Section 5.
표준입력

Section 5. 표준입력
56. 문자열 입력 %s

scanf()와 **printf()**에서 문자열은 **%s**를 사용합니다.
배열을 사용할 경우에는 주소연산자 **&**를 사용하지 않습니다.
배열 이름이 주소이기 때문입니다.

좋아하는 과일을 입력 받아 문장을 출력하는 코드를 만들어 보겠습니다.

```
char fruit[101];

printf("What is your favorite fruit?\n");
scanf("%s", fruit);
printf("You like %s!\n", fruit);

What is your favorite fruit?
apple
You like apple!
```

apple을 입력하면 **You like apple!**이 출력됩니다.

시작해 C 언어 핵심기초의 **Study Book**
학습자 여러분, 수고 많이 하셨습니다.
계속해서 **Work Book**으로 실력 향상을 도모하시길 바랍니다.